Reihe: Meilensteine Deutsch

Thomas Heinrichs (Hrsg.)
Anne Heinrichs, Susanne Heinrichs

Lesestrategien

Heft 3: Längere Sätze und schwierigere Texte

* Hier kannst du einen Namen einsetzen.

Auer Verlag GmbH

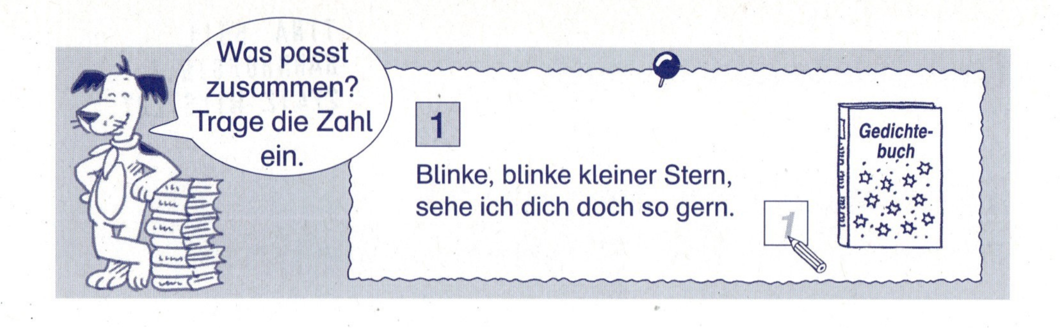
Was passt zusammen? Trage die Zahl ein.
1
Blinke, blinke kleiner Stern,
sehe ich dich doch so gern.
1
Gedichte-
buch

Rund ums
Experimentieren

Auf dem
Reiterhof

Das kleine
Gespenst und
seine Abenteuer

Was ich schon
immer wissen
wollte
Wüste

2

Lale ist ein kleines Gespenst.
Das Leben auf dem Schloss
findet Lale total langweilig.
Lale beschließt, eine Reise zu machen,
um endlich etwas Spannendes zu erleben.

3

Das alles kannst du selber herstellen:

- ✓ Seifenblasen
- ✓ Unterwasserlupe
- ✓ Feuerlöscher
- ✓ Riesengummibärchen …

100 einfache Experimente warten in diesem Buch auf dich!

4

Kann es in der Wüste auch kalt sein?
Zu dieser Frage und zu weiteren Fragen
rund um die Wüste findest du hier Antworten.

5

Marie liebt Pferde über alles.
Ihr größter Traum wird wahr.
Marie gewinnt bei einer Verlosung
ein Wochenende auf dem Ponyhof „Wiesengrund“.

Lisa: „Ich möchte ein süßes Brot mit Rosinen backen.“

Seite: 19

Vom Korn zum Brot

Inhaltsverzeichnis

Thomas: „Ich habe großen Hunger.
Im Brotschrank ist nur Toast.
Toast mag ich aber nicht so gerne.
Ich liebe dunkles, knuspriges, herzhaftes Brot.
Wie ich mir wohl selbst eins backen kann?“

Seite: ________

Samet: „Mein Lehrer spricht immer
von Gerste, Hafer, Weizen und Roggen.
Für mich sieht das alles gleich aus.
Wie kann ich die Getreidesorten
unterscheiden lernen?“

Seite: ________

Gabi: „Es macht richtig Spaß,
dem Riesenmäher zuzuschauen.
Wie schnell der ein Getreidefeld aberntet.
Als mein Opa Kind war,
gab es noch keine Riesenmäher.
Ich würde gerne wissen,
wie das Getreide früher geerntet wurde.“

Seite: ________

Was passt zusammen? Trage die Zahl ein.
1
1
Manege frei!
Zirkus Francesco
ist in der Stadt.

2

Ein Hund als Retter in der Not
Auf einer Wanderung fiel Dodos Herrchen hin
und brach sich den Fuß.
Doch Hund Dodo wusste Rat.

3

Ein neuer Stern am Musikhimmel!
Andrea Mani hat am Samstag ihren ersten Auftritt.
Sie singt für uns das Lied vom goldenen
Sonnenstrahl.

4

Uli Zans gewinnt!
Lange lag er an dritter Stelle.
Doch zum Schluss ging er mit seinem
roten Rennwagen als Sieger ins Ziel.

5

Besuchen Sie Burg Ziesel!
In diesem Jahr finden wieder die Ritterspiele statt.
Viel Neues wartet auf Sie.

Jetzt bist du
fit für den Test auf
Seite 42, 43.

Augentraining und Gehirngymnastik

Wo ist der passende Käfer? Setze die Zahl ein.
s = schwarz   w = weiß

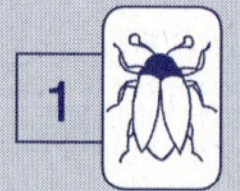

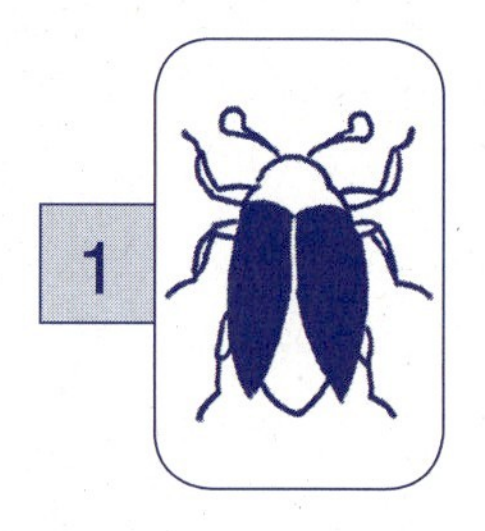

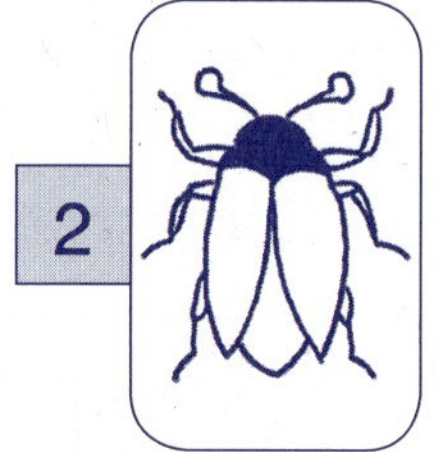

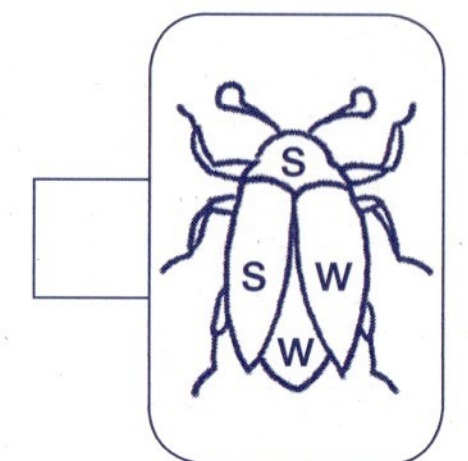

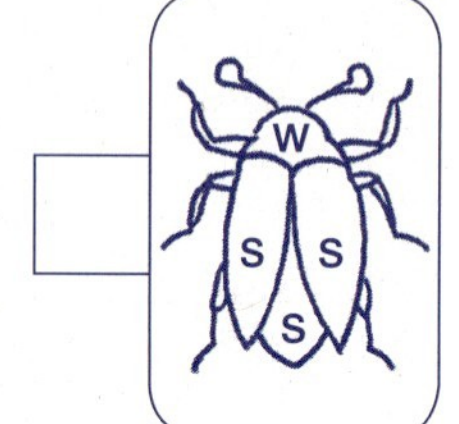

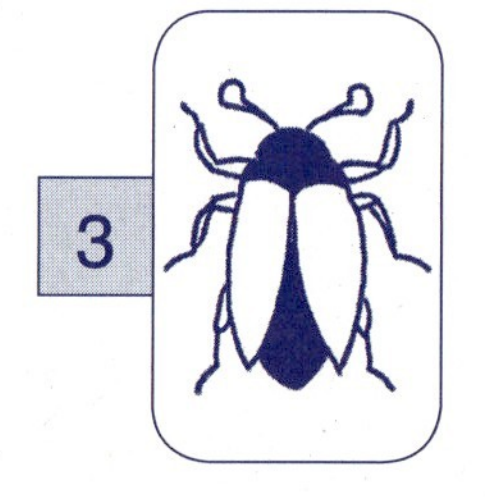

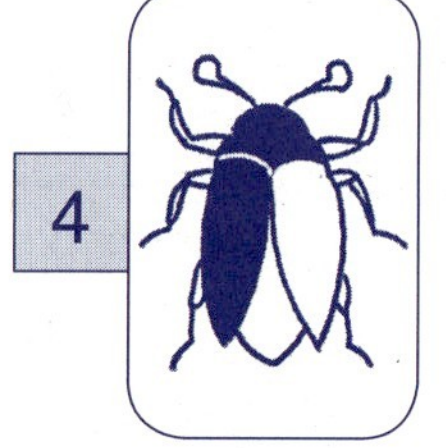

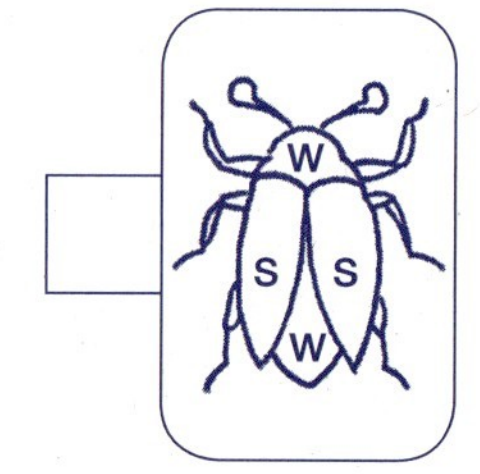

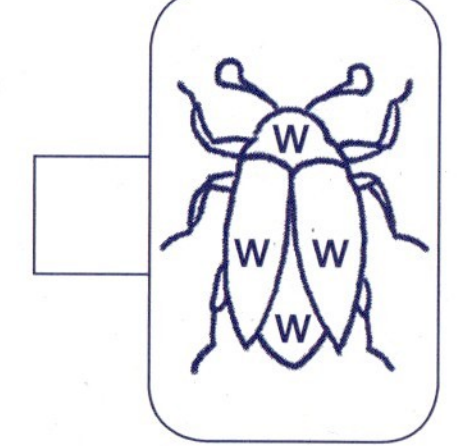

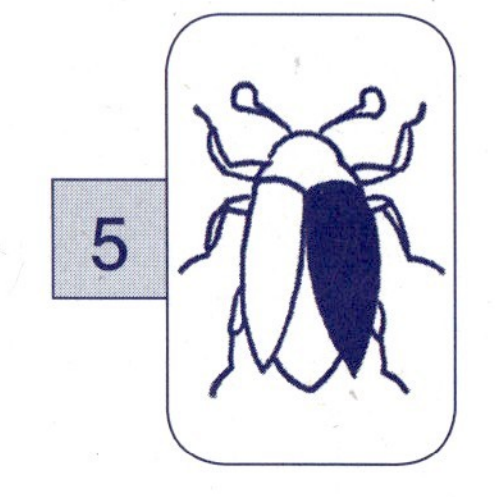

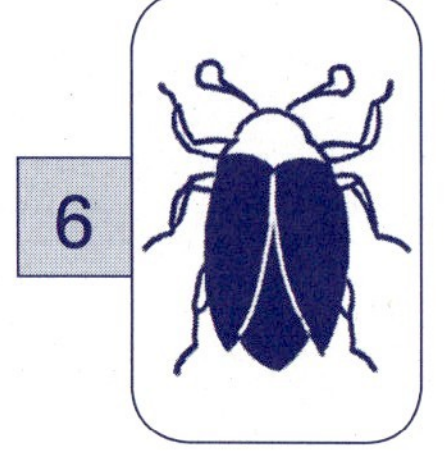

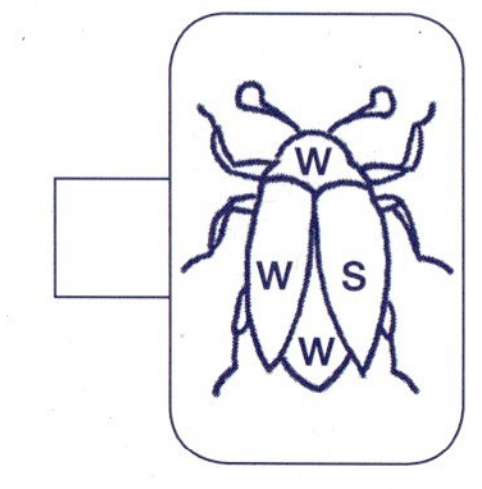

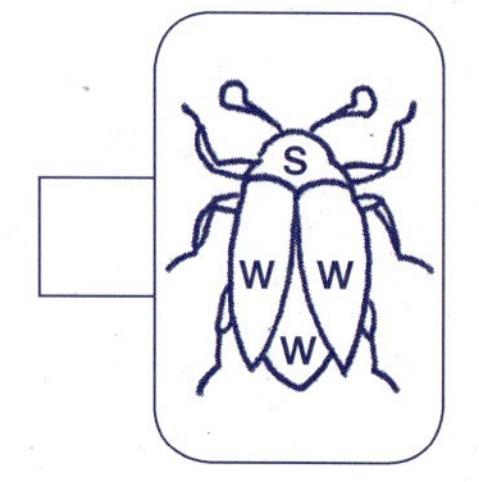

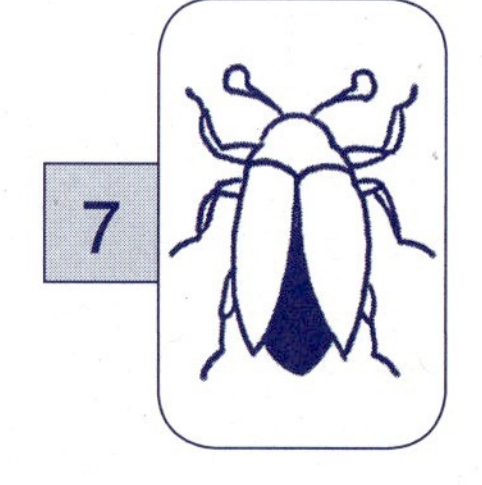

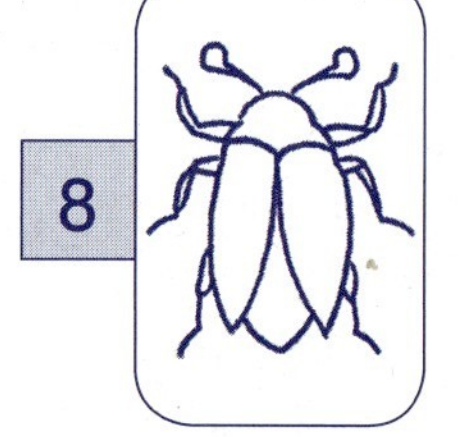

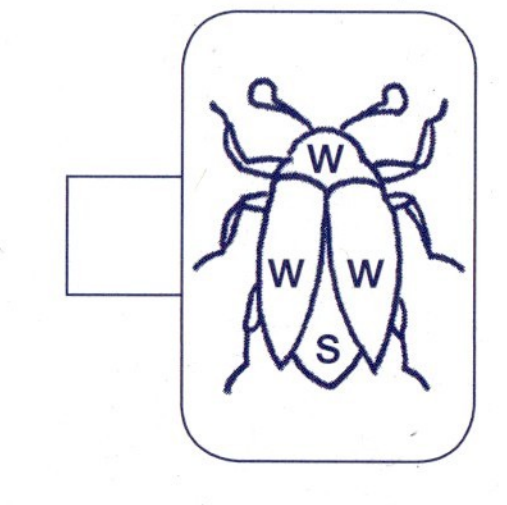

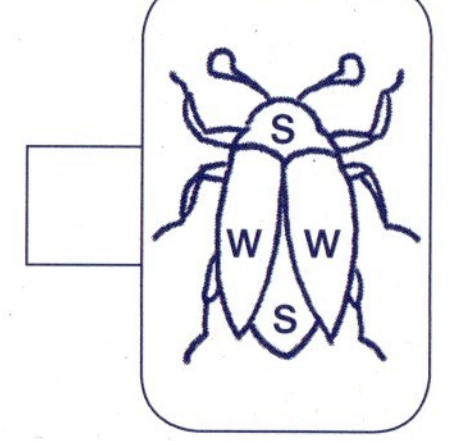

Augentraining und Gehirngymnastik

Welche Spielsachen sind hier versteckt? **Tipp:** Es sind 10 Spielsachen.

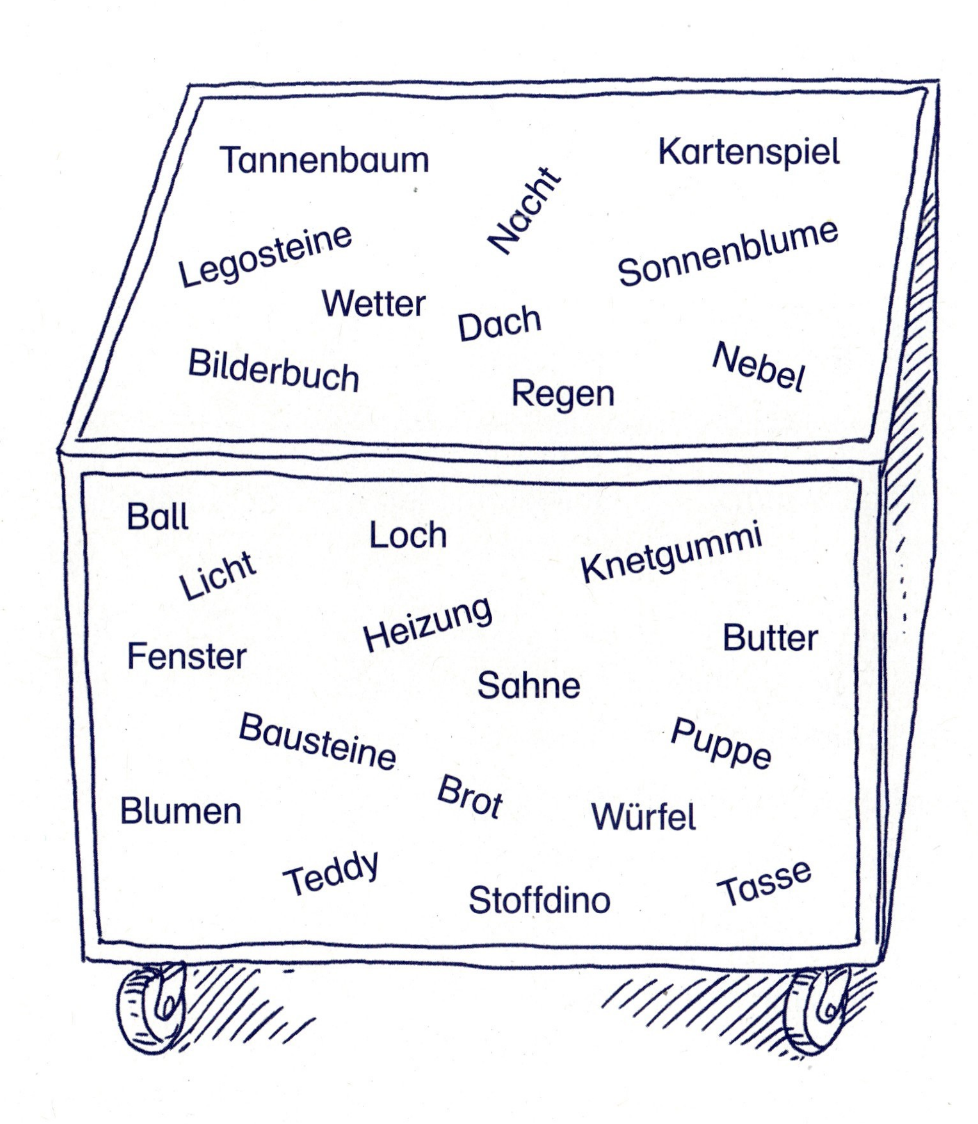

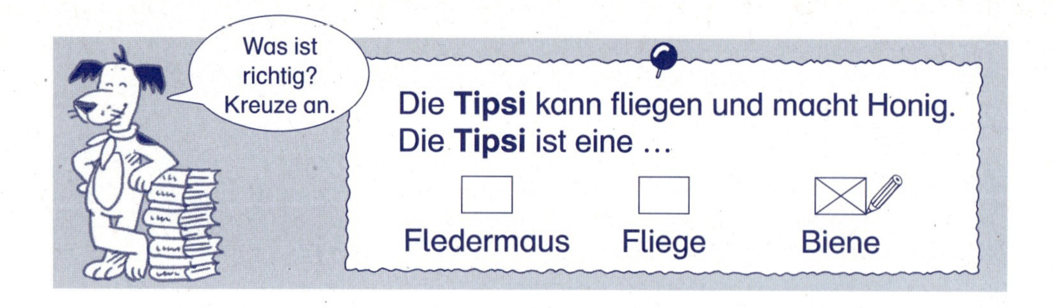

Das **Lumi** ist ein kleines Tier.

Das **Lumi** hat an seinem Körper Leuchtstreifen.

Damit leuchtet es in die Nacht hinein.

Im Dunkeln kann man das **Lumi**

besonders gut sehen.

Das **Lumi** ist ein ...

☐ Regenwurm ☐ Glühwürmchen ☐ Schmetterling

Der **Schlappi** ist aus Papier.

Einen **Schlappi** kann man lesen.

Ein **Schlappi** hat einen Umschlag.

Auf dem Umschlag steht die Adresse,

damit der **Schlappi** richtig ankommt.

☐ Brief ☐ Buch ☐ Zeitung

Die **Nado** ist rot.

Die **Nado** ist kleiner als eine Kiwi.

Nados schmecken den meisten Kindern gut.

Es gibt auch **Nado**-Marmelade und **Nado**-Eis.

Die **Nado** ist eine …

☐ Erdbeere ☐ Birne ☐ Kiwi

Mit dem **Somo** kann man fahren.

Das **Somo** hat zwei Räder.

Fahren mit dem **Somo** macht total Spaß.

Das **Somo** muss zwei Bremsen und eine Lampe haben.

Das **Somo** ist ein …

☐ Auto ☐ Rollbrett ☐ Fahrrad

Die **Lana** hat große gelbe Blüten.

Die **Lana** kann zwei Meter hoch werden.

Lanas wachsen im Garten.

Manchmal sieht man auch große **Lana**-Felder.

Die **Lana** ist eine …

☐ Banane ☐ Sonnenblume ☐ Weintraube

Ein **Hatschi** ist rund.

Der **Hatschi** ist meistens schwarz und weiß.

Fußballspieler brauchen den **Hatschi** zum Spielen.

Man zielt mit dem **Hatschi** auf ein Tor,

aber manchmal trifft der **Hatschi** auch ein Fenster.

Das ist dann nicht so gut.

Der **Hatschi** ist ein ______________________ .

Ein **Tidi** ist ein Baum.

Aber ein **Tidi** hat keine Blätter.

Ein **Tidi** hat Nadeln.

Weihnachten schmückt man den **Tidi**

mit Kerzen und Kugeln.

Der **Tidi** ist ein ______________________ .

Der **Nito** ist ein Tier.

Der **Nito** ist lang, dünn und bräunlich.

Der **Nito** lebt in der Erde.

Der **Nito** frisst Blätter

und macht daraus Erde.

Der **Nito** ist ein ______________________ .

Oft ist der **Satu** aus Holz.

Der **Satu** steht in der Küche.

Man setzt sich an den **Satu** und isst seine Suppe.

Der **Satu** ist ein ______________________ .

Mit dem **Padi** kann man schreiben.

Ein **Padi** ist aus Holz.

Der **Padi** hat in der Mitte eine Mine.

Schreibt man mit dem **Padi** etwas falsch,

kann man es ausradieren.

Der **Padi** ist ein ______________________ .

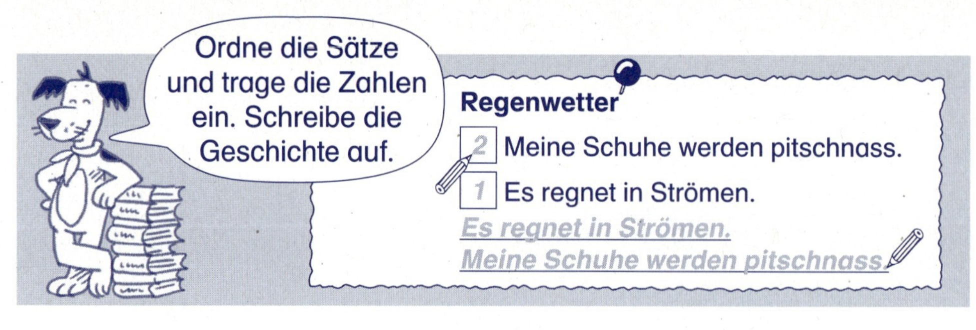

Fipp, der kleine Wurm

☐ Hm, der schmeckt!

☐ Fipp hat großen Hunger.

☐ Endlich findet er einen leckeren Apfel.

Beim Zahnarzt

☐ Er muss bestimmt bohren.

☐ Ich habe Zahnschmerzen.

☐ Deshalb muss ich zum Zahnarzt.

Lisa macht Pudding

☐ Lisa gibt alle Zutaten in eine Schüssel.

☐ Oh Schreck, der Pudding spritzt bis zur Decke!

☐ Sie schaltet den Mixer an.

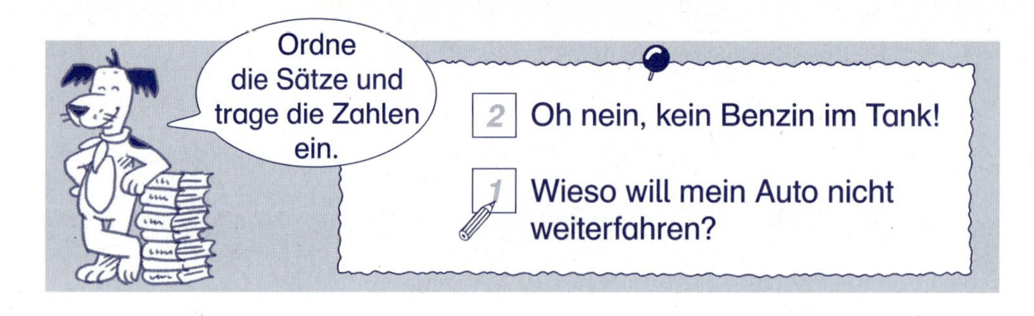

Die Amsel

☐ Die Amsel setzt sich ins Nest und brütet.
Bald liegen im Nest vier grünliche Eier
mit braunen Tupfen.

☐ Die Amsel sucht kleine Zweige, Moos,
Haare, Federn und vieles mehr.
Sie baut ein Nest.

☐ Endlich platzen die Eierschalen
und vier muntere Amselkinder piepsen umher.

☐ Die Amsel sitzt ungefähr zwei Wochen lang
geduldig auf den Eiern und hält sie warm.

Lena macht Urlaub

☐ Aber erst muss Lena ihren Koffer packen.
Ihr Kuschelkissen muss auch noch mit.

☐ Doch der Koffer will einfach nicht zugehen.
Leider muss das Kissen nun zu Hause bleiben.

☐ Es sind Ferien.
Lena fährt mit ihren Eltern in Urlaub.

☐ Alle drei wollen ans Meer.

Toms Bude

☐ Endlich ist die Bude fertig.

☐ Abends darf Tom sogar in seiner Bude übernachten.

☐ Tom möchte sich eine Bude bauen.

☐ Zuerst besorgt er sich Bretter, Hammer und Nägel.

☐ Danach macht er sich gleich an die Arbeit.

Zwei Texte sind durcheinandergeraten. Male in gleicher Farbe an, was zusammengehört. **Tipp:** Nimm 2 verschiedene Farben.

Der Pinguin ist ein Vogel.

Der Löwe hat ein goldbraunes Fell.

Der Pinguin und der Löwe

Der Pinguin lebt in der Antarktis.

Er hat kleine Flügel, aber er kann nicht fliegen.

Sein dichtes Gefieder schützt ihn vor der Kälte.

Der Löwe lebt in warmen Ländern.

Das Männchen hat eine prächtige Mähne.

Er ist ein schneller Schwimmer und Taucher.

Er ist eine Raubkatze und ist ein guter Jäger.

Jedoch an Land ist er sehr tapsig.

Sein Raubtiergebiss hat starke, reißende Zähne.

Um seine Beute zu fangen, schleicht er sich leise an.

Zwei Texte sind durcheinandergeraten. Male in gleicher Farbe an, was zusammengehört.
Tipp: Nimm 2 verschiedene Farben.

Linda hat Kuchen gebacken.

Maras Fahrradreifen verliert Luft.

Lindas Kuchen und Maras Fahrradreifen

Als erstes macht Mara den Reifen ab
und holt den Schlauch heraus.

Mara pumpt den Schlauch auf,
doch sie kann das Loch nicht finden.

Mit Sahne schmeckt der Kuchen Linda
besonders gut.

Linda legt alle Zutaten zurecht.

Da hat sie eine Idee.
Mara füllt eine Schüssel voll Wasser
und legt den Schlauch hinein.

Sie füllt einen Becher Sahne in die Schüssel.

Kleine Bläschen verraten Mara das Loch.

Linda gibt ein wenig Zucker hinzu.

Mit einem Mixer rührt sie so lange,
bis die Sahne steif ist.

Sie verschließt das Loch mit einem Gummiflicken.
Das wäre geschafft!

Hm, schmeckt das gut!
Linda muss immer wieder von der Sahne naschen.

Jetzt bist du
fit für den Test auf
Seite 44, 45.

Augentraining und Gehirngymnastik

Hier siehst du die Zahlen
von 1 bis 20. Vier Zahlen fehlen.
Trage unten ein.

Augentraining und Gehirngymnastik

Schau genau.
Wer wirft diesen Schatten?
Kreise ein.

Was braucht Sinem für den Pudding?

Sinem macht Pudding. Sie braucht dafür den Mixer und eine Schüssel, das Puddingpulver und die Milch.

Sinems erster Pudding

____

Sinem schüttet die Milch in die Schüssel
und streut das Puddingpulver hinein.
Mit dem Mixer rührt sie kräftig um.
Nun ist der Pudding fertig.

____

Sinem ruft Mama und Papa.
Sie müssen den Pudding probieren.
Hm, ist der lecker!

____

Nach dem Essen muss die Küche wieder aufgeräumt werden.
Die Milch und der Mixer kommen in den Schrank zurück.
Zum Schluss muss noch gespült werden.

Wer darf den Pudding probieren?	~~Was braucht Sinem für den Pudding?~~
Wie macht Sinem den Pudding?	Was passiert nach dem Essen?

Die Brennnessel

Die Brennnessel ist grün
und hat viele gezackte Blätter.
Ihr Stängel und ihre Blätter
haben ganz feine Haare.

Die Brennnessel wächst auf Wiesen,
in Gräben und Gärten.
Sie liebt feuchten Boden.

Aus der Brennnessel kann man Tee,
Suppe und Gemüse kochen.
Sie ist sehr gesund.

Berührt man ihre feinen Härchen,
stößt die Brennnessel eine Flüssigkeit aus.
Unsere Haut wird rot, brennt und juckt.

Wo wächst die Brennnessel?	Wie sieht die Brennnessel aus?
Wie kann uns die Brennnessel schaden?	Was kann man aus der Brennnessel kochen?

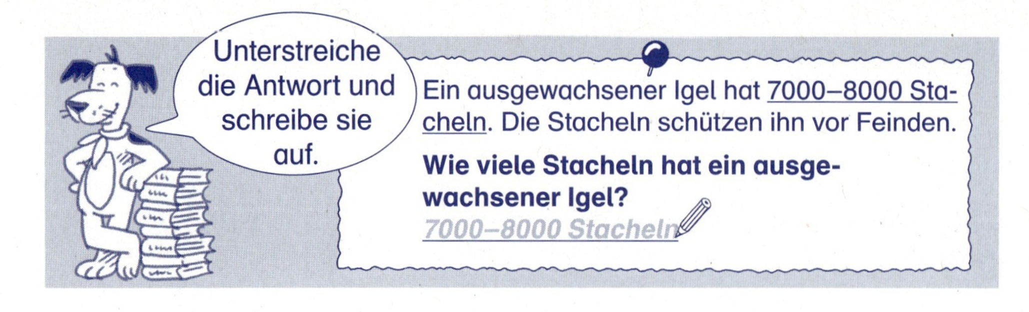

Der Igel

Der Igel rollt sich bei großer Gefahr
zu einer Kugel zusammen.
Dann ist er rundherum durch Stacheln geschützt.

Igelbabys kommen mit weißen weichen Stacheln zur Welt,
erst später werden sie dunkel und hart.

Der Igel frisst Würmer, Spinnen und Insekten.
Vogeleier, Obst und Beeren gehören
auch noch zu seinen Lieblingsspeisen.
Milch sollte der Igel nicht trinken, das verträgt er nicht.

Was frisst der Igel?

Ben ist weg

Sonja fährt mit dem Zug zu ihrer Oma,
und das ganz allein.
Aber sie hat ja ihren Teddy dabei.
Endlich ist Sonja da.
Oma erwartet sie bereits auf dem Bahnsteig.
Sonja und Oma umarmen sich.
Plötzlich fängt Sonja an zu weinen.
Ihr Teddy ist weg.
Oma und Sonja eilen zum Schaffner.
Sonja jammert:
„Mein Teddy ist weg. Er heißt Ben.
Er hat ein braunes, weiches Fell.
Er hat eine grüne Mütze, einen roten Schal
und weiße Socken an."
„Keine Sorge, wir finden deinen Ben
schon wieder", tröstet der Schaffner Sonja.

Wie sieht Sonjas Teddy aus?

Jan darf fünf Kinder zu seinem Kostümfest einladen. Er selbst hat sich als Clown verkleidet.

Jans Kostümfest

Es klingelt. Die Gäste kommen.
Im Flur steht eine große Kiste bereit.
In ihr sind lauter Sachen zum Verkleiden.
Das finden alle toll. Verkleiden macht Spaß.
Florian verwandelt sich in einen Indianer
und Uwe sucht sich eine Elefantenmaske aus.
Emily will eine Maus werden.
Ronja hat sich in ein Piratenkostüm verliebt.
Luca hat sich eine Katzenmaske aufgesetzt.
Alle haben viel Spaß. Es ist ein richtig tolles Fest.

Wer fehlt? Male.

Wer sitzt wo?

Heute dürfen Peter, Murat, Simone, Sören, Claudia und Anja in der Schule am Basteltisch sitzen.
Anja sitzt gegenüber von Peter.
Sie schaut auf Peters Brille.
Hatte er gestern auch schon diese Brille auf?
Murat leiht Anja seinen Pinsel.
Simone hat sich heute Zöpfe gemacht.
Sören hat seine Schere vergessen und muss sie holen.
Claudia hat zwischen Anja und Sören ihren Platz gefunden.

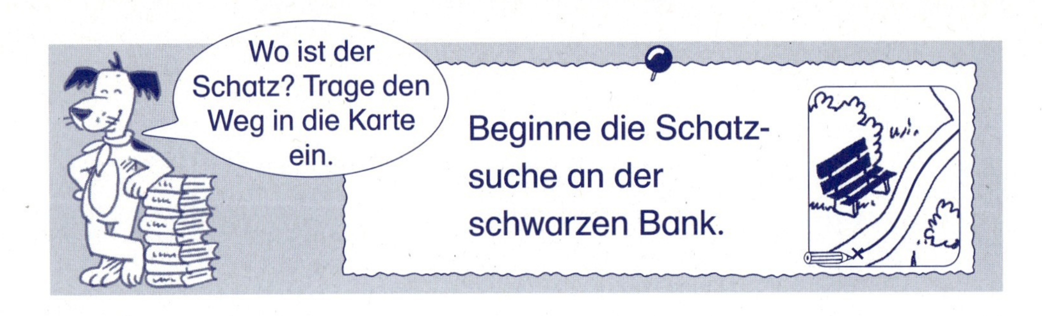

Schatzsuche

Beginne die Schatzsuche an der schwarzen Bank.

Der Weg führt dich an drei hohen Tannen vorbei.

Hinter den Tannen knickt der Weg nach rechts ab

und trifft auf gefällte Holzstämme.

Bleibe auf dem Weg bis du an einen Bach kommst.

Gehe über die kleine Brücke und halte dich links.

Der Weg führt dich zu einer Holzhütte.

Halte dich rechts.

Bald gabelt sich der Weg wieder.

Nimm den linken Weg.

Ein Wegweiser führt dich zum Tümpel „Immergrün“.

Dort triffst du auf einen großen Felsbrocken.

Hier findest du den Schatz.

Mache an dieser Stelle in der Karte ein Kreuz.

Schatzkarte

Kaninchen zu verschenken

Moritz ist ein kleines Zwergkaninchen.

Es ist drei Monate alt und etwa 20 cm groß.

Sein Fell ist weiß mit braunen Flecken.

Besonders gerne mag Moritz frisches Grünfutter.

Tierart: ______________________

Name: ______________________

Alter: ______________________

Größe: ______________________

Fellfarbe: ______________________

____

Lieblingsfutter: ______________________

Katze entlaufen

Seit fünf Tagen ist unsere Katze verschwunden.

Sie hört auf den Namen Minka.

Sie ist schwarz und hat weiße Pfoten.

Ihr linkes Ohr ist etwas eingerissen und hat eine Narbe.

Minka trägt ein braunes Halsband

mit einem silbernen Glöckchen.

Wir zahlen einen Finderlohn.

Vielen Dank für die Hilfe!

Tierart: ______________________________

Name: ______________________________

Fellfarbe: ______________________________

Verletzungen: ______________________________

____

Besonderheiten: ______________________________

____

Banküberfall

Die ganze Stadt ist in Aufregung.

Gestern überfiel ein unbekannter Mann

die Bank an der Selmenstraße.

Zum Glück gibt es einen Augenzeugen. Dieser berichtet:

„Der Bankräuber war ungefähr 35 Jahre alt

und 1,80 m groß.

Er trug einen schwarzen Pullover, eine graue Hose

und alte Turnschuhe.

Seine Haare waren kurz, braun und ein wenig gelockt.

Die Augenfarbe konnte ich leider nicht erkennen.

Ach ja, das könnte vielleicht auch noch

wichtig sein:

Er hatte einen großen goldenen Ring

an der rechten Hand."

Die Polizei schreibt auf:

männlich	☒

weiblich	☐

Alter: *ungefähr 35 Jahre* ____________

Größe: ____________

Kleidung: ____________

____

____

Haare: ____________

____

Augenfarbe: ____________

Besonderheiten: ____________

____

Der Regenbogen

Ein Regenbogen entsteht,

wenn es regnet und die Sonne scheint.

Von außen nach innen sieht man die Farben

rot, orange, gelb, grün, blau und lila.

Die Reihenfolge der Farben ist immer gleich.

Übrigens: Jeder Sonnenstrahl hat die gleichen

Farben wie ein Regenbogen, auch wenn Sonnenstrahlen

für uns hell und einfarbig aussehen.

Das Geheimnis: Erst wenn Sonnenstrahlen auf Regentropfen

treffen, werden diese Farben für uns Menschen sichtbar.

Hast du schon einmal einen doppelten Regenbogen gesehen? Das gibt es auch. Aber das ist etwas ganz Seltenes!

	stimmt	stimmt nicht
Ein Regenbogen entsteht, wenn es regnet und die Sonne scheint.	☒	☐
Ein Regenbogen entsteht, wenn es regnet und die Sonne nicht scheint.	☐	☐
Manchmal ist der Regenbogen nur gelb und lila.	☐	☐
Ein Sonnenstrahl ist nur grün und blau.	☐	☐
Ein Sonnenstrahl hat die gleichen Farben wie der Regenbogen.	☐	☐
Beim Regenbogen bleibt die Reihenfolge der Farben immer gleich.	☐	☐
Es gibt auch einen doppelten Regenbogen.	☐	☐

Der Tausendfüßler

Der Tausendfüßler kann bis zu 8 cm groß werden.

Er lebt in Europa und Asien.

Der Tausendfüßler ist ein Gliedertier,

denn sein Körper ist in viele kleine Teile gegliedert.

An jedem Teil sitzen 4 Beine.

Es gibt zehntausend verschiedene Arten,

aber kein Tausendfüßler hat wirklich tausend Füße.

Der Rekord beträgt 750 Füße.

Tausendfüßlerbabys haben am Anfang

sogar nur ganz wenige Beine.

Erst wenn Tausendfüßler wachsen,

kommen neue Beine hinzu.

Tausendfüßler fressen Pflanzen

und tote Tiere.

Der Marienkäfer

Marienkäfer können bis zu 1,5 cm groß werden.
Sie leben überall auf der Welt.
Die Anzahl der Punkte sagt nicht, wie alt der Käfer ist.
Marienkäfer mit gleich vielen Punkten gehören
zu einer Familie.
So gibt es die Familie der Zwei-Punkt-Marienkäfer,
der Sieben-Punkt-Marienkäfer …
Marienkäferbabys haben also genau so viele Punkte,
wie sie als erwachsene Marienkäfer haben.
Marienkäfer fressen Insekten und Läuse.
Ein Marienkäfer kann am Tag 1000 Läuse fressen.
Es gibt viertausend Arten von Marienkäfern.

	Tausendfüßler	**Marienkäfer**
Heimat:	*Europa und Asien*	
Größe:		
Nahrung:		
Anzahl der Arten:		

Augentraining und Gehirngymnastik

Trage die fehlenden Buchstaben ein. Löse das Rätsel. Schreibe die Antwort.

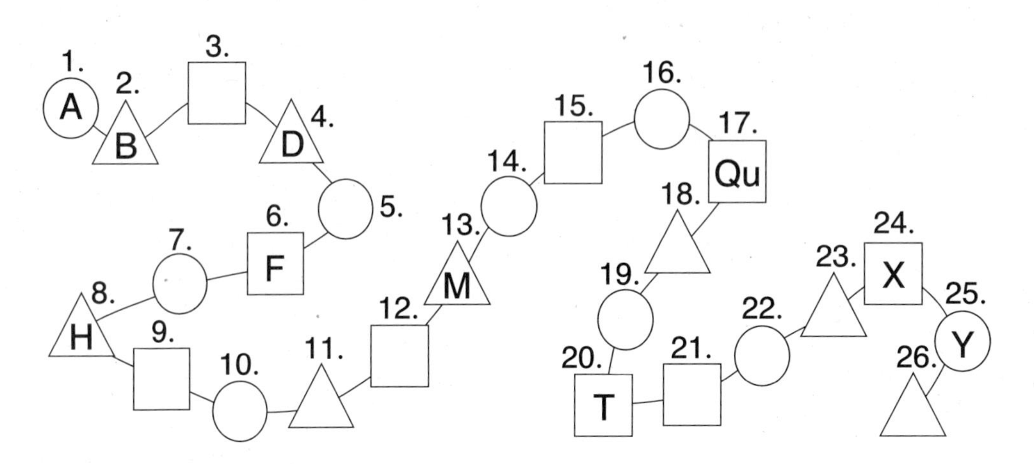

Rätsel:

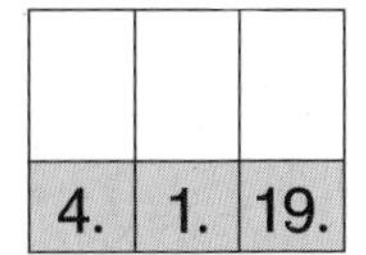

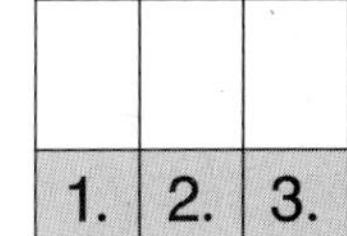

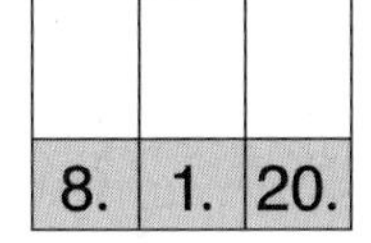

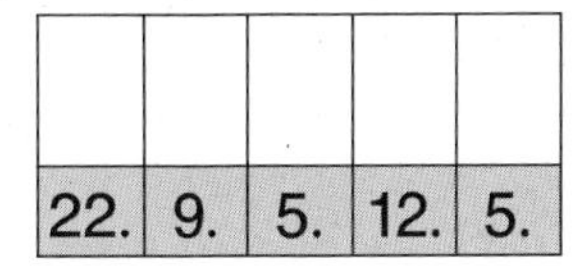

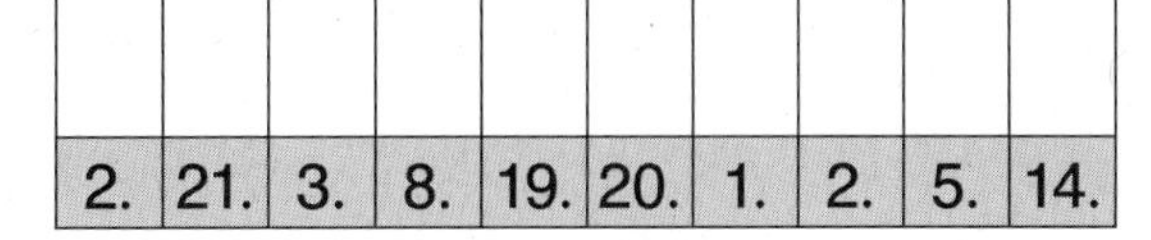

.

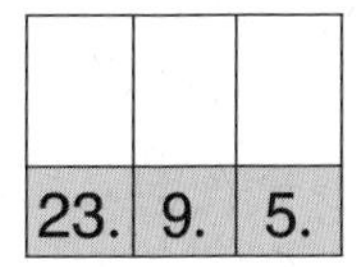

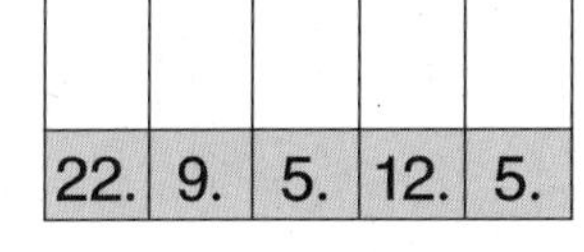

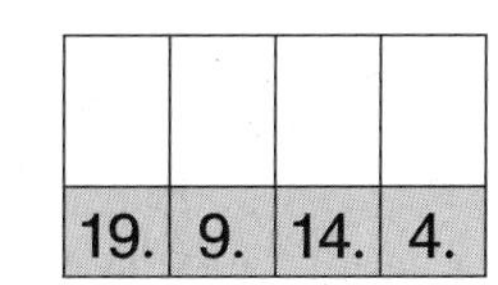

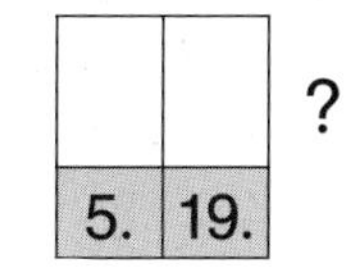

?

Antwort: ______________________________

Augentraining und Gehirngymnastik

In *einem* Bild ist ein
Fehler versteckt.
Kreise ihn ein.

Was passt zusammen? Trage die Zahl ein.
1
1
Imker Uli Weber verkauft wieder seinen begehrten Honig.

2

Neueröffnung:
Das Spielwarengeschäft „Kindertraum“ öffnet zum ersten Mal am kommenden Montag.
Clown Alfredo wartet mit einem Geschenk auf dich!

3

Hurra, Nachwuchs im Zoo „Tier-Land“!
Endlich ist das süße Tigerbaby da.
Es hat aber noch keinen Namen.
Hast du eine Idee? Dann schreibe uns bitte!

4

Schon wieder ist auf dem Spielplatz am Silberweg Müll abgeladen worden.
Eltern haben viele Stunden ihrer Freizeit geopfert, um wieder alles in Ordnung zu bringen.
Der Bürgermeister bedankt sich bei allen helfenden Händen.

5

Die Fußballkicker „Rot-Weiß Erlenbach“ haben die Meisterschaft gewonnen.
Im letzten Spiel gegen den Fußballverein „Grüntal“ konnten sich die Kicker die entscheidenden Punkte für den Gesamtsieg erspielen.

Super, du hast den Test geschafft! Schätze deine Leistung ein (K). Dann soll dein Lehrer dich einschätzen (L).

K:	L:
☺	☺
😐	😐
☹	☹

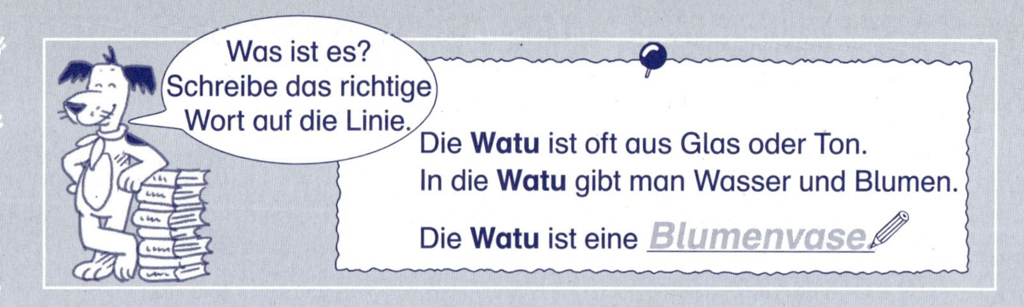

Ein **Parito** kann aus Stoff sein.

In einen **Parito** kann man viele Dinge reinpacken.

Oft wird der **Parito** auf eine Wanderung mitgenommen.

Viele Kinder benutzen den **Parito** als Schulranzen.

Der **Parito** ist ein ______________________ .

Ein **Witibi** ist ein Tier mit vier Beinen.

Er ist meistens grau.

Ein **Witibi** ist so groß wie ein Pony.

Im Märchen kann der **Witibi** Goldmünzen machen.

Der **Witibi** ist ein ______________________ .

Der **Labiko** ist eine Pflanze,

die in warmen Ländern wächst.

Den **Labiko** muss man nicht oft gießen,

weil er Wasser speichern kann.

Der **Labiko** hat Stacheln.

Damit schützt er sich.

Der **Labiko** ist ein ______________________ .

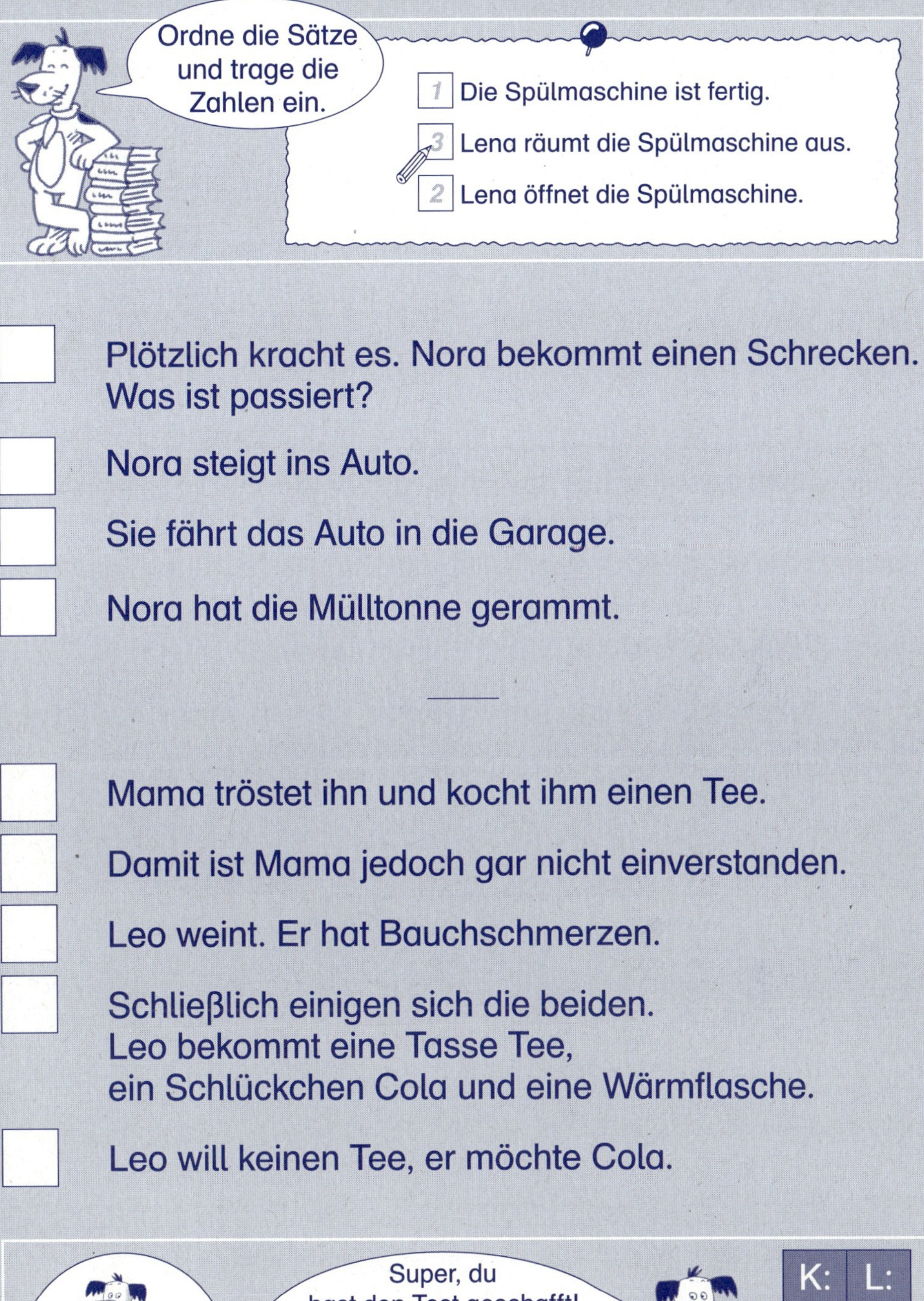

☐ Plötzlich kracht es. Nora bekommt einen Schrecken. Was ist passiert?

☐ Nora steigt ins Auto.

☐ Sie fährt das Auto in die Garage.

☐ Nora hat die Mülltonne gerammt.

☐ Mama tröstet ihn und kocht ihm einen Tee.

☐ Damit ist Mama jedoch gar nicht einverstanden.

☐ Leo weint. Er hat Bauchschmerzen.

☐ Schließlich einigen sich die beiden.
Leo bekommt eine Tasse Tee,
ein Schlückchen Cola und eine Wärmflasche.

☐ Leo will keinen Tee, er möchte Cola.

Super, du hast den Test geschafft! Schätze deine Leistung ein (K). Dann soll dein Lehrer dich einschätzen (L).

K:	L:
☺	☺
😐	😐
☹	☹

Wofür ist die Haut wichtig?
Die Haut ist wichtig für deinen Körper.

Die Haut

___

Die Haut ist für dich ein schützender Mantel.
Sie schützt dich vor Wärme und Kälte.
Sie schützt dich auch, wenn du hinfällst oder dich stößt.

___

Die vielen Nerven in der Haut sagen dir,
ob dich jemand zart streichelt
oder ob dich jemand schlägt.

___

Wenn es heiß ist oder wenn du rennst, schwitzt du.
Durch das Schwitzen kühlt dein Körper ab
und du fühlst dich wieder wohl.

Was passiert beim Schwitzen?	~~Wofür ist die Haut wichtig?~~
Wovor schützt die Haut?	Was machen die Nerven in der Haut?

Karla eilt zum Hausmeister und berichtet:
„Meine rote Brille ist weg."
Verlorener Gegenstand: Brille
Farbe: rot

Der Turnbeutel ist weg

Christian rennt zum Hausmeister und berichtet:
„Mein Turnbeutel ist weg. Ich vermisse ihn seit gestern.
Er ist blau. Ach ja, und er hat auch noch bunte Punkte.
In meinem Turnbeutel sind weiße Turnschuhe,
ein gelbes T-Shirt und eine grüne Turnhose."

Verlorener Gegenstand: ____________________

Farbe: ____________________

Muster: ____________________

Inhalt: ____________________

____

Super, du
hast den Test geschafft!
Schätze deine Leistung ein (K).
Dann soll dein Lehrer dich
einschätzen (L).

K:	L:
☺	☺
😐	😐
☹	☹

Das habe ich geschafft!